# QUELQUES OBSERVATIONS

## sur le Rapport

# DE M. GARNIER-PAGÈS

PRÉSENTÉ

## à l'Assemblée nationale dans sa séance du 7 mai 1848.

PAR

## M. BENJAMIN DELESSERT.



* * *

# A PARIS,

## CHEZ DAUVIN ET FONTAINE, LIBRAIRES,

35, PASSAGE DES PANORAMAS.

Et galerie de la Bourse, 1, près la rue Saint-Marc.

1848.

LORSQUE le Gouvernement provisoire qui, le 24 février, s'est mis à la tête du pays, a résigné ses pouvoirs au sein de l'Assemblée nationale, chacun des ministres a cru devoir, dans un exposé succinct, rendre compte des diverses mesures qu'il avait adoptées pendant ces soixante-dix jours d'absolutisme.

Durant cet intervalle, on s'en souvient, le grand mot de *nécessité,* plus impérieux encore dans un temps de révolution, servit de prétexte aux hommes du pouvoir pour prendre des moyens souvent contraires à la véritable liberté, aux principes sur lesquels repose notre société, le respect des droits acquis, des contrats librement consentis, de la propriété enfin. On acceptait tout au nom du provisoire, on souffrait sans murmurer la violation des droits les plus sacrés, on se soumettait aux plus dures exigences, parce qu'on sentait venir un pouvoir plus régulier auprès de qui on implorerait justice et redressement des torts, et dont le premier devoir serait de faire rendre un compte exact, un compte sévère à ceux qui revêtus, le 24 février, de l'autorité suprême, en avaient usé si arbitrairement. L'Assemblée nationale a-t-elle compris combien cette tâche est sérieuse? Il faut l'espérer, car quelles seraient à l'avenir les garanties de notre société, si l'on pouvait impunément s'emparer pendant plus de deux mois de l'autorité en France, gouverner le pays sans le moindre contrôle, de la manière la plus absolue, faire et défaire des lois, abolir des impôts et en créer de nouveaux, exercer en un mot la toute-puissance, et puis le jour où l'on déposerait le pouvoir, monter tout droit au Capitole pour rendre grâces aux Dieux, de quoi? de ce que pendant deux mois passés le bon sens du pays et l'instinct de la conservation ont empêché la guerre civile de ravager nos campagnes, le brigandage et l'incendie de désoler nos villes. N'est-ce pas là à-peu-près tout le bien-être, toute la sécurité dont nous avons joui pendant le règne du Gouvernement provisoire?

Comme ses collègues, M. Garnier-Pagès a déposé son rapport. Ce rapport aurait dû comprendre un résumé exact des ressources et des obligations du Trésor au 25 février, le sommaire des recettes et des dépenses opérées du 25 février au 4 mai, et la situation au 4 mai. Ce n'est pas sans surprise qu'on n'y lit pas un mot sur les ressources du Trésor au 24 février, mais de violentes accusations contre le gouvernement déchu qui, au dire du ministre, avait adopté pour système la désorganisation au bout de laquelle se dressait la banqueroute. Tels sont les premiers mots du rapport de M. Garnier-Pagès. En regard nous mettons les derniers mots de son rapport : « La République, dit-il, a sauvé la France de la banqueroute. » Il peut être assez curieux de rappeler que le ministre qui attaque avec tant de violence un gouvernement tombé, et qui prône avec une telle assurance son nouveau système, est le même ministre qui a inauguré son avènement au pouvoir par ces deux décrets de banqueroute aux Caisses d'épargne et de banque-route aux porteurs de bons du Trésor.

On s'étonnera beaucoup moins du silence prudent gardé par M. Garnier-Pagès sur les ressources qu'a laissées au Trésor l'ancienne administration, quand on aura quelques détails sur leur importance. Sans avoir toutes les données nécessaires pour établir la situation exacte du Trésor au 24 février, nous sommes cependant en état de donner quelques chiffres que nous croyons exacts et qui éclairciront la question.

Le ministre, s'il n'a rien dit des ressources du Trésor, a singulièrement exagéré ses besoins; cette tactique est trop grossière pour abuser l'opinion publique, et M. Garnier-Pagès devrait savoir que le meilleur moyen pour un Etat, comme pour un particulier d'inspirer confiance et d'avoir du crédit, est de dire la vérité et toute la vérité: c'est avoir peu égard à ce principe que d'exagérer certaines dettes pour en dissimuler d'autres.

Dans une proclamation qui a paru bien peu de

jours après la révolution, le Gouvernement provisoire, espérant retenir autour de lui la confiance et
le crédit, nous apprit, ce que M. Garnier-Pagès se
garde bien de répéter dans son rapport du 7 mai,
que l'ancien ministre des finances avait laissé en
caisse au trésor 155 millions, plus 60 millions en
portefeuille. Sur ces 155 millions d'écus, le Trésor
n'en possédait plus le 5 mai que 21 millions, donc
114 avaient été dépensés; sur les 60 millions en
portefeuille, il n'y en avait plus que 20 le 5 mai;
dépense 40 millions, sans comprendre les rentrées;
de plus le ministre a emprunté à la Banque de
France, 50 millions sans intérêts, et a reçu, dit-il, de
l'emprunt national 18 millions; c'est donc en tout
222 millions dépensés du 24 février au 4 mai sans
comprendre les rentrées journalières de l'impôt
ordinaire, et celles des impôts extraordinaires dé-
crétés par le nouveau gouvernement. Admettons
que ces impôts extraordinaires aient produit seule-
ment 28 millions, on obtient un total de 250 millions dont l'emploi devait être et n'a pas été justifié,
au moins M. Garnier-Pagès ne daigne-t-il pas nous
en dire un mot. Grâces aux décrets sur les Caisses
d'épargne et les bons du Trésor, cet argent n'a pas

servi à diminuer la dette flottante. En effet le décret
sur les Caisses d'épargne ayant paru dès le 7 mars,
c'est à peine si les déposans ont eu le temps de de-
mander le remboursement de 7 à 8 millions.
Quant aux bons du Trésor le montant total des bons
échéant en mars ne dépassait pas 18 millions, et le
décret étant du 16 mars, on ne saurait admettre
que plus de 8 à 10 millions aient été payés. Il est
vrai que M. Garnier-Pagès répète à deux reprises
dans son rapport qu'il a *éteint* pour 81 millions de
bons. On ne saurait trop sévèrement blâmer un
pareil artifice qui autoriserait une accusation de
fausseté et de mensonge contre le ministre dont le
langage a besoin plus que tout autre d'inspirer
confiance, et pour cela de ne dire jamais que la vérité. S'il est vrai, ce que nous ne sommes pas à
même de vérifier, que 81 millions de bons aient été
éteints, cette extinction n'est autre chose qu'une
conversion en rentes 5 $^o/_o$ en vertu du décret du 16
mars, conversion qui ne s'est pas faite au détriment
de l'encaisse du Trésor.

Que sont donc devenus ces 250 millions, minimum
des sommes dépensées par le Trésor du 24 février

au 4 mai? Admettons qu'une vingtaine de millions aient été donnés aux Caisses d'épargne et aux porteurs de bons, la seule dépense connue en dehors des services ordinaires est le paiement du semestre du 5 p. 100 et des canaux en mars et avril. C'est en tout pour ces deux objets une cinquantaine de millions payés par le Trésor central à Paris.

Reste donc au moins 170 millions dépensés, dont M. Garnier-Pagès ne dit pas un mot dans son rapport à l'Assemblée nationale.

Vis-à-vis d'un silence aussi absolu, d'une aussi inconcevable réticence, un devoir impérieux est imposé au Comité des finances de l'Assemblée nationale. Il faut qu'une investigation sévère soit faite dans les comptes du dernier ministre des finances, que chaque dépense soit examinée à fond, et que le pays entier apprenne par le rapport du Comité des finances à quoi ont servi ces sommes énormes dont le ministre n'a donné aucune justification. Il est temps que la lumière se fasse, qu'on sache si nos finances, comme les apparences pourraient le donner à penser, ont été dilapidées pendant ces soixante-dix jours de dictatoriat, durant lesquels le pouvoir se mettait au-dessus de toutes les lois. Le Gouvernement provisoire lui-même ne trouve-t-il pas qu'il est temps de confondre ces accusations, si répandues dans l'opinion publique, et qui compromettraient son honneur, si on les laissait plus long-temps sans réfutation ?

Si le ministre des finances, dans son rapport à l'Assemblée nationale, s'est tu sur les ressources que lui avait laissées l'ancienne administration, il paraît avoir exagéré les charges léguées par le précédent gouvernement. Il est bon de faire justice de ces erreurs trop grossières pour n'avoir pas été faites à dessein, et tout à-la-fois nous réduirons à néant cette vague mais terrible accusation qui n'est appuyée sur aucun chiffre, que l'ancienne administration menait le pays à la banqueroute. Faire banqueroute pour le Trésor, c'est ne pas payer, soit les créanciers de la dette fondée, soit les créanciers de la dette flottante, comme, par exemple, vient de faire le Gouvernement de février en ne remboursant pas les dépôts des Caisses d'épargne, et en prorogeant sans le consentement des porteurs l'échéance des bons du Trésor échus. Ceci s'appelle en effet faire banqueroute, et l'on peut dire dans ce sens au moins que le trésor de la République a déjà fait banqueroute. Mais est-ce à dire que la responsabilité doit en revenir au pouvoir tombé, comme M. Garnier-Pagès cherche à l'insinuer. Nous avons dit quelles étaient les ressources du Trésor au **24** février :

155 millions écus,

60 millions en portefeuille,

de plus,   20 millions à recevoir dans le commencement d'avril de la compagnie du chemin de fer du Nord.

9 millions par mois de l'emprunt qui, quoi qu'en dise M. Garnier-Pagès, aurait fort exactement été payé, puisqu'il déclare lui-même dans son rapport que cet emprunt avait été fait à des termes trop avantageux pour les prêteurs. Singulière affirmation et qui ne peut s'expliquer que par l'ex-

trême légèreté qui a présidé à la ré-
daction du rapport.

Enfin comme ressource, inutile sans
doute , mais s'offrant dans un cas
pressant, la facilité de recevoir sous
escompte et par anticipation plusieurs
des versemens non effectués de l'emprunt.

En résumant, nous trouvons, en dehors des rentrées ordinaires de l'impôt, 214 millions de ressources à réaliser du 24 février au 1ᵉʳ mai, sans compter
ni sur le renouvellement des bons du Trésor, renouvellement qui s'opérait en février à 4 p. cent,
dans une proportion approximative des rembour-
semens, ni sur le paiement par anticipation et sous
escompte de versemens de l'emprunt.

Maintenant quels étaient les besoins du trésor?
Ce qui préoccupait le plus M. Garnier-Pagès, ou
ce qui paraissait l'effrayer davantage, c'étaient les
exigences de la dette flottante. M. Garnier-Pagès
prétend qu'au 24 février la dette flottante allait at-
teindre sous peu un milliard. Un milliard ! c'est un

nombre rond, mais est-ce un chiffre exact? Un examen rapide de la dette flottante va nous en démontrer l'exagération.

Voici comment M. Garnier-Pagès compose ce chiffre de près d'un milliard :

318 millions, bons du Trésor en circulation;

332 — appartenant aux receveurs généraux, communes, établissemens publics;

355 — appartenant aux Caisses d'épargne, fonds qui, sauf 60 millions, avaient, dit M. Garnier-Pagès, été imprudemment convertis en rentes sur l'État ou actions des 4 Canaux.

La dette flottante se divise en deux parties bien distinctes qu'il importe de ne pas confondre quand on veut se rendre un compte exact de la position du Trésor. C'est 1° la dette à échéance déterminée, les bons royaux, dits maintenant bons de la République, remboursables et exigibles à des dates fixes et connues d'avance. 2° La dette flottante à échéance indéterminée, dont le capital par sa nature tend à rester constamment et à perpétuité entre les mains de l'État, tant que l'État mérite crédit et inspire confiance aux déposans, mais qui est néanmoins exigible à bref délai, pour une portion considérable au moins. Dans cette seconde division il faut placer les fonds appartenant aux communes et ceux des Caisses d'épargne.

Parlons d'abord des bons du Trésor. On sait que l'échéance de ces bons est fixe, et qu'ils ne sont pas remboursables avant leur échéance. M. Garnier-Pagès porte à tort leur montant total à 318 millions. Le montant des bons du Trésor en circulation n'était au 24 février, que de 297 millions, parce que les cautionnemens des Compagnies des chemins de fer de Lyon à Avignon et de Bordeaux à Cette, faits en bons royaux et montant à 21 millions, avaient été confisqués, ces compagnies n'ayant pas rempli leurs engagemens; le Trésor avait été crédité de ces bons; les compagnies avaient été déclarées en déchéance et leurs cautionnemens n'auraient pu leur être rendus qu'en vertu d'une loi. Réduisant donc de 318 à 297 le montant réel des bons du Trésor en circulation, nous rappellerons que les échéances étaient réparties, inégalement, il est vrai, sur l'année entière ; nous croyons être dans le vrai en disant que 18 millions échéaient en mars, 50 millions en avril et 40 millions en mai. Vis-à-vis de l'encaisse considérable de 155 millions, une situation pareille aurait-elle dû effrayer le ministre au point de suspendre le paiement des bons, de proroger leur échéance, de violer ainsi les engagemens contractés par l'État, et d'aller même jusqu'à intervenir dans les contrats de particuliers à particuliers, en déclarant que les endosseurs des bons ne seraient pas tenus au remboursement à leurs cessionnaires, donnant ainsi, le premier, l'exemple de la mauvaise foi, et chose monstrueuse ! autorisant légalement cette mauvaise foi chez les individus par un décret rendu au nom du Gouvernement provisoire (1). Que le comité des finances de l'Assemblée nationale ne l'oublie pas ; il est de son devoir de revenir en arrière sur ces faits, de se faire rendre un compte exact de la nécessité rigoureuse où fut alors le ministre de refuser le paiement des bons du Trésor et

______

(1) Voir le décret du 28 mars.

de délier les endosseurs entre eux du droit strict qui les engageait. Le crédit, l'honneur de la République, qui doit être aussi scrupuleux que l'honneur d'une monarchie, exige cet examen approfondi. Il ne faut pas que l'on puisse dire que la jeune République a rompu légèrement et sans une absolue nécessité des engagemens auxquels n'avait jamais manqué, auxquels n'aurait jamais manqué la monarchie de Juillet.

Passant à la partie de la dette flottante à échéance indéterminée, nous ferons remarquer que les fonds des receveurs généraux ne sont pas remboursables pour la plus grande partie, puisque, d'après les réglemens, ces comptables sont tenus de laisser en compte courant au Trésor une somme double de leur cautionnement, et que, quant aux fonds des communes et des établissemens particuliers, la plus grande partie de ces capitaux n'a aucune chance d'être brusquement retirée. Ce ne sont donc pas les exigences de cette portion de la dette flottante qui pouvait effrayer le ministre.

L'article le plus important est celui des Caisses

d'épargne. Ces fonds s'élevaient à environ 350 millions. M. Garnier-Pagès, dans un précédent rapport, a sévèrement blâmé l'ancien gouvernement d'avoir employé ces fonds en rentes ou en actions de canaux, au lieu de les garder en écus dans les coffres de la Banque. Ce reproche est absurde. M. Garnier-Pagès aurait bien dû dire l'emploi qu'il aurait voulu qu'on en fît. Les garder en nature, dans les coffres du Trésor ! mais d'une part, le Trésor eût payé sans aucune compensation 12 à 14 millions d'intérêts par an aux déposans, soit près de 100 millions pour les sept ans d'existence du dernier ministère; d'autre part, en retirant une aussi forte quantité de numéraire de la circulation, il eût immobilisé des capitaux précieux pour l'industrie et le commerce. Aussi le placement des 250 millions appartenant aux Caisses d'épargne a-t-il été effectué en vertu d'autorisations législatives; jusqu'ici on l'avait considéré comme une garantie pour les déposans, comme une juste indemnité pour le Trésor; il n'avait paru un danger ni un embarras pour personne.

En effet, par leur nature, les fonds des Caisses d'épargne sont à peu d'exceptions près des dépôts perpétuels faits par des particuliers entre les mains de l'Etat, moyennant un certain taux d'intérêt bonifié par l'Etat. C'est ainsi qu'on a toujours considéré les fonds des Caisses d'Épargne en France, en Angleterre, dans tous les pays où ces institutions existent sous le patronage de l'Etat. C'est une sorte d'emprunt volontaire en capital, au lieu d'être un emprunt en rente comme les emprunts ordinaires. Il s'ensuit que, comme tous les emprunts de l'Etat, sa valeur baisse quand le crédit de l'Etat est violemment ébranlé, et dès-lors des demandes de retraits arrivent. Mais pourquoi? Uniquement parce qu'on n'a plus de confiance dans le dépositaire; que ce dépositaire reprenne crédit, les demandes de retraits s'arrêtent. C'est ce que n'a pas compris M. Garnier-Pagès qui, au lieu de prendre des mesures qui rétablissent la confiance ébranlée des déposans, a éveillé leur juste méfiance en refusant le remboursement des dépôts, tandis qu'il eût été de son devoir d'employer toutes les ressources du Trésor, et on a vu qu'elles étaient énormes, à satisfaire les demandes de retrait. Les 60 millions que les Caisses d'épargne avaient en compte courant au Trésor, et que le ministre n'avait pas le droit de refuser, auraient probablement suffi, et au-delà, pour éteindre les premières demandes, et au bout de bien peu de temps, vous auriez vu ceux mêmes qui avaient retiré leur argent avec le plus d'empressement être les premiers à le replacer. C'est ce que prouve l'expérience de toutes les paniques des Caisses d'épargne. Au lieu de suivre cette marche conforme à la fois à la justice et aux vrais principes, qu'a fait M. Garnier-Pagès? Il a déclaré qu'on ne rembourserait que 100 fr. par livret, somme trop minime et qui ne sauvait pas le Trésor de l'imputation grave de manquer à ses engagemens; pour le reste, il donnait des bons du Trésor à trois mois et à six mois, c'est-à-dire qu'il reculait les difficultés et qu'il ne venait presque pas en aide aux porteurs de livrets. En effet, les déposans ne sont pas, pour la plupart, des gens riches et aisés, quoi qu'en dise M. Garnier-Pagès, ce qu'il aurait pu savoir s'il eût daigné remplir les fonctions modestes et obscures, mais fort utiles et intéressantes d'administrateur de la Caisse d'épargne, fonctions que recherchaient de vrais amis du peuple, fort peu républicains il est vrai. La très grande majorité, on pourrait dire la totalité des déposans ne sont pas des gens riches, qui eussent

pu impunément faire le sacrifice de 40 à 50 p. 100
sur leur capital, perte qui eût résulté de la négo-
ciation des bons du Trésor qu'on leur offrait pour
le montant de leur dépôt. Nous avons dit que la
difficulté n'était qu'ajournée; en effet, ou les déposans ont préféré attendre plutôt que de recevoir une
valeur qui perdait 50 p. 100, ou ils ont accepté des
bons à trois et six mois; dans le premier cas que
fera le Trésor? Compte-t-il prolonger indéfiniment
le séquestre qu'il a mis sur les fonds des Caisses
d'épargne? évidemment, aujourd'hui moins qu'en
mars, il est en situation de rembourser, puisqu'il a
dépensé toutes les ressources qu'il avait alors entre
les mains; dans le second cas, pourra-t-il payer les
bons à leur échéance? évidemment, pas davantage;
l'aperçu que nous avons des ressources du Trésor
nous en démontre l'impossibilité. Nous croyons donc
que le système adopté par M. Garnier-Pagès, vis-à-
vis des déposans des Caisses d'épargne, était malha-
bile. C'était un manque de foi déplorable aux engagemens pris par l'Etat, manque de foi qui devait
ébranler le crédit encore incertain de la République; c'était, en outre, reculer, mais non résoudre
la difficulté. S'il ne se fût pas laissé effrayer par la

première affluence des retraits, s'il eût possédé une expérience plus approfondie des mouvemens des Caisses d'épargne, le ministre aurait évité aux finances de la République une odieuse, mais juste accusation de banqueroute que ses ennemis ont formulée, il eût établi et affermi son crédit et rendu plus faciles les opérations futures du Trésor.

Telle était la situation de la dette flottante; telles étaient ses exigences, et nous pensons, après avoir indiqué les ressources du Trésor et ses besoins, que le ministre pouvait, et par conséquent devait faire honneur aux engagemens de la dette flottante, satisfaire aux demandes de retrait des Caisses d'Épargne, payer les bons du Trésor au fur et à mesure de leur échéance. Que le Comité des finances se rende à la juste impatience du pays en expliquant la nécessité, ou en condamnant des mesures qui ont déshonoré le berceau de la République si, comme nous le pensons, elles n'étaient pas indispensables.

M. Garnier-Pagès a terminé son rapport par l'exposé du budget rectifié par lui pour l'année 1848. Si ce document reposait sur des données et des bases quelque peu positives, il serait fort curieux à examiner et à discuter. Mais nous ne pensons pas que M. Garnier-Pagès ait pris son budget au sérieux, quoiqu'à vrai dire il annonce avec une assurance assez naïve un excédant de recette de 11 millions. Nous aimerions savoir entre autres sur quelles bases tant soit peu certaines il a calculé la moins-value du produit des impôts ordinaires pour les 7 mois restans de 1848. Nous croyons ne pas nous éloigner de la vérité en avançant que les impôts additionnels, sur la rentrée desquels M. Garnier-Pagès compte pour combler le déficit des revenus ordinaires et les dépenses nouvelles, ne produiront pas moitié de la somme portée en compte. D'ailleurs le nouveau projet de budget fourmille d'inexactitudes. Dans les voies et moyens le ministre porte les 83 millions des réserves de l'amortissement de 1848. Or, de quel droit n'applique-t-on pas au rachat de la rente 5 p. 100, tombée au-dessous du pair, les sommes appartenant à l'amortissement? Si toutes les réserves anciennes ont été consommées, si le discrédit actuel du Trésor de la République ne permet pas d'agir sur la rente avec les forces combinées des années antérieures et de l'exercice actuel, du moins devez-vous employer les sommes allouées au budget 1848; ces sommes appartiennent à l'amortissement, et vous n'avez aucun droit à les détourner de cet emploi spécial, pas plus que vous ne pourriez appliquer au budget de la marine les crédits alloués au budget des travaux publics. C'est encore là une violation flagrante de nos lois, violation d'autant plus grave qu'elle portera ses fruits dans l'avenir, au jour des futurs emprunts. Chose bizarre! Vous confisquez les forces de l'amortissement au moment même où la seule ressource qui vous reste, est la ressource des emprunts! Les secours de la dette flottante, vous vous les êtes enlevés pour bien longtemps par vos décrets sur les Caisses d'épargne (la caisse du peuple), et sur les bons du Trésor (la caisse des capitalistes), à quelle source puiserez-vous donc les capitaux qui vous seront nécessaires pour combler vos déficits?— L'emprunt, auquel vous dédaignez d'avoir recours à-peu-près comme le renard de la fable dédaigne les raisins trop verts, pourrait un jour vous être un précieux secours; et vous rendez ce secours plus incertain, plus difficile, plus coûteux, en détournant de leur véritable emploi, de leur emploi légal, les fonds spécialement destinés au rachat des emprunts anciens. Quelle folie, si ce n'est pas une coupable légèreté !

Mais en présence de ces faits et avec la perspective d'un emprunt futur quand il sera possible, comment expliquer, comment justifier votre projet de décret sur le rachat des chemins de fer ? Tout esprit raisonnable n'eût-il pas calculé qu'au moment où le Trésor voit ses revenus ordinaires diminuer considérablement et ses dépenses s'accroître de dépenses imprévues, il eût été sage et habile, par de larges concessions, d'obtenir de l'association qu'elle se chargeât des travaux des chemins de fer que la loi de 1842 laissait aux frais de l'Etat ? L'aurait-on obtenu dans un moment aussi critique, le lendemain d'une révolution ? c'était douteux, mais peut-être pas impossible avec de certaines conditions et si l'on eût protégé efficacement et avec vigueur l'esprit d'association et le droit de propriété dans toutes ses conséquences. Malheureusement les tendances du Gouvernement provisoire étaient bien autres. Aussi chose étonnante et que la postérité ne voudra pas croire ! au milieu de ces embarras financiers, qui l'effraient tellement qu'il suspend l'exécution des engagemens les plus sacrés de l'Etat, le ministre des finances veut s'emparer, veut racheter, en les expropriant, disons le mot, en les prenant de vive force, au mépris des contrats jurés, toutes les lignes des chemins de fer de France; c'est sur-charger la dette publique d'une création nouvelle de 25 millions de rente 5 p. 100, quand peut-être un emprunt sera nécessaire; c'est augmenter de 600 millions les travaux publics à la charge du Trésor au moment où le Trésor est plus pauvre que jamais. Comment qualifierez-vous cette conduite? Est-ce de la prévoyance? Est-ce de l'habileté?

Ce que nous demandons, c'est pour le passé un examen approfondi des décrets financiers du Gouvernement provisoire; leur confirmation s'ils étaient nécessaires, indispensables; leur révocation s'ils étaient dangereux et mal conçus; enfin un exposé clair et complet des dépenses faites, afin que le pays sache où sont passés les 200 millions disparus pendant la dictature du Gouvernement provisoire; pour l'avenir nous demandons un système de finances sérieux, où l'équilibre des dépenses et des recettes ne soit pas fictif, mais repose sur des bases aussi certaines que possible, un ensemble de mesures qui témoigne d'une volonté préconçue, et en finisse avec ces décrets de circonstance et de hasard.

A notre première demande le pays attend une réponse prochaine et qui servira à résoudre la seconde. En effet, la confiance dans l'avenir et le crédit de la France dépendent beaucoup des vues de l'Assemblée nationale en fait de finances; il faut qu'on voie l'Assemblée décidée à empêcher ou à réprimer sévèrement toute dilapidation des deniers de l'État; il faut qu'on la sache résolue à maintenir, coûte que coûte, les engagemens de l'État, et à faire justice de tous les systèmes de papier-monnaie et d'assignats, sous quelques déguisemens qu'on cherche à les dissimuler. Le lendemain d'une révolution qui ruine la moitié du pays, qui effraie les esprits par les théories sauvages auxquelles on a malheureusement trop laissé le temps de se propager, ce serait folie de songer à créer de nouvelles sources de revenus, et voyez déjà toutes celles que le Gouvernement provisoire a enlevées au pays par l'abolition de tant d'impôts productifs! Quels moyens

restent donc pour sauver le pays de la banqueroute :
la reconnaissance de tous les engagemens de l'État,
et une réduction des dépenses qui ne rende pas illu-
soire cette reconnaissance. Que l'Assemblée nationale se le persuade bien, le crédit de la France
républicaine est solidaire du crédit de la France
monarchique. En répudiant les dettes, les obligations de la monarchie, la République de février,
loin de sauver le pays de la banqueroute, l'y con-
duit infailliblement. Le premier décret financier de
l'Assemblée nationale aurait dû être celui-ci : « Les
dépôts des Caisses d'épargne et les bons du Trésor
seront payés en espèces. » Quant à la réduction des
dépenses, une seule bien importante est possible:
la diminution des forces de terre et de mer. Cette
diminution me semble tellement conforme aux principes qui devraient diriger nos relations extérieures,
qu'elle servirait autant notre politique que nos
finances. Loin de menacer la constitution que la
France s'est donnée, l'Europe entière ébranlée jusque
dans ses fondemens est occupée à détourner l'orage
qui menace tous les gouvernemens; les nations
sont déchirées par la guerre civile, ou bien, menacés
par les progrès du libéralisme, les trônes chance-

lans ont trop de peine à se soutenir pour songer à renouveler la coalition de 93. Loin de nous appeler, les nationalités qui ressuscitent nous supplient de leur laisser à elles-mêmes l'honneur de triompher et de se débarrasser des langes de l'oppression étrangère. Quelle est donc cette fatale politique qui, présidant depuis deux mois aux conseils du Gouvernement, arme de toutes parts la France lorsque tout semble convier à la paix! Les grands mots de fraternité que vous inscrivez sur les drapeaux de votre nouvelle République, veulent-ils donc signifier, guerre à l'étranger, propagande chez nos voisins? Vos intentions sont pacifiques, dites-vous; vous le proclamez partout; mais ne savez-vous pas que les armemens provoquent des armemens, et que du choc, du cliquetis de tant de canons et de fusils, l'éclair de la guerre peut jaillir? Désarmez, réduisez de moitié votre budget de la guerre et de la marine; au-dehors vous aurez donné un gage de sécurité aux peuples voisins qui aujourd'hui vous voient avec défiance; au-dedans vous aurez rassuré l'industrie et le commerce, qui ne sauraient vivre au milieu des incertitudes d'une paix armée; vous verrez la sécurité renaître rapidement, les impôts rentrer d'eux-mêmes et sans effort, et si vous en avez besoin encore, le crédit et les capitaux à qui vous ferez appel vous répondront avec empressement. C'est à l'Assemblée nationale à imposer au Gouvernement cette conduite, la seule patriotique parce qu'elle est seule conforme aux vrais intérêts de la France, et qu'en même temps elle est la seule digne d'un peuple libre et fort. La République de 1848 doit proclamer que la France n'a plus besoin d'armée; à l'extérieur tous les peuples n'envieront-ils pas sa liberté, si elle sait faire de nous un peuple heureux? à l'intérieur la garde nationale suffira toujours pour sauver la liberté contre les violences des anarchistes; elle l'a déjà prouvé!

Répétons-le en finissant : Le pays attend deux choses; un compte-rendu sévère du passé, et la connaissance des moyens de salut adoptés pour l'avenir. Représentans du peuple, rendez-vous à son impatience; ce n'est pas une vaine satisfaction qu'il demande; ce n'est pas une vaine curiosité qui l'excite; il veut savoir, par vous, si ceux qui l'ont administré depuis trois mois sont dignes de le gouverner encore et de sauver le pays.

IMPRIMÉ CHEZ PAUL RENOUARD,
rue Garancière, n. 5.